spot

ANIMALES DEL PATIO

LA RANA

por Marysa Storm

AMICUS

piel

patas

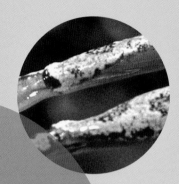

Busca estas palabras
y estas imágenes a
medida que lees.

ojo

saco vocal

¡Croac! Hay una rana cerca. ¿Puedes verla?

Algunas ranas son grandes. Otras son pequeñas. Ellas viven en todas partes menos en la Antártida.

Mira la piel de la rana.
Es suave. Es húmeda.

piel

Mira el saco vocal de la rana.
Con él las ranas macho
pueden croar. ¡Croac!

saco vocal

ojo

Mira los ojos de la rana.

Ellas ven bien de noche.

Mira las patas de la rana.

Son largas y fuertes.

¡Mira cómo salta!

patas

Una rana busca su comida.

La rana tiene una lengua pegajosa.

Con ella atrapa al insecto.

Mira la piel de la rana.
Es suave. Es húmeda.

piel

Mira las patas de la rana.
Son largas y fuertes.
¡Mira cómo salta!

patas

piel

patas

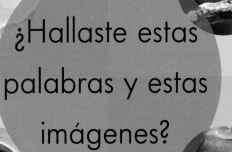

¿Hallaste estas palabras y estas imágenes?

ojo

saco vocal

Mira los ojos de la rana.
Ellas ven bien de noche.

ojo

Mira el saco vocal de la rana.
Con él las ranas macho
pueden croar. ¡Croac!

saco vocal

Spot es una publicación de Amicus
P.O. Box 1329, Mankato, MN 56002
www.amicuspublishing.us

Información del Catálogo de publicaciones de la
Biblioteca del Congreso
Names: Storm, Marysa.
Title: La rana / por Marysa Storm.
Other titles: Frogs. Spanish
Description: Mankato, Minnesota : Amicus, [2018] | Series:
Spot. Animales del patio | Audience: K to grade 3.
Identifiers: LCCN 2017007282 | ISBN 9781681512716
(library bound)
Subjects: LCSH: Frogs--Juvenile literature.
Classification: LCC QL668.E2 S84518 2018 | DDC
597.8/9--dc23
LC record available at https://lccn.loc.gov/2017007282

Impreso en los Estados Unidos de América

10 9 8 7 6 5 4 3 2 1

Rebecca Glaser, editora
Deb Miner, diseño de la serie
Ciara Beitlich, diseño del libro
Holly Young, investigación fotográfica
Traducción de Victory Productions,
    www.victoryprd.com

Fotos de Age Fotostock 2, 8-9, 10-11,
15; Alamy portada, 16; Dreamstime 1;
iStock, 4-5; Shutterstock 2, 3, 6-7, 15;
SuperStock 2, 12-13, 14, 15

LA RANA